Que cherche donc Mons

À tous les enfants, particulièrement
à mes petits-enfants qui naîtront.

Catalogage avant publication de la Bibliothèque nationale du Canada

Roy, Dorothée

Que cherche donc Monsieur Dragon?

(Le raton laveur)
Pour enfants de 3 à 8 ans.

ISBN 2-89579-000-0

I. Morin, Jean, 1959- . II. Titre. III. Collection: Raton laveur (Mont-Royal, Québec).

PS8585.O898Q4 2003 jC843'.54 C2003-940807-8
PS9585.O898Q4 2003
PZ23.R69Qu 2003

Nous reconnaissons l'aide financière du gouvernement du Canada par l'entremise du Programme d'aide au développement de l'industrie de l'édition (PADIÉ) pour nos activités d'édition.

Conseil des Arts du Canada | Canada Council for the Arts

Éditions Banjo remercie le Conseil des Arts du Canada du soutien accordé à son programme d'édition dans le cadre du programme des subventions globales aux éditeurs.
Cet ouvrage a été publié avec le soutien de la SODEC.
Gouvernement du Québec – Programme de crédit d'impôt pour l'édition de livres – Gestion SODEC.

Dépôt légal – Bibliothèque nationale du Québec, 2003
Bibliothèque nationale du Canada, 2003
ISBN 2-89579-**000**-0

233, av. Dunbar, bureau 300
Mont-Royal (Québec)
Canada H3P 2H4
Téléphone: (514) 738-9818 / 1-888-738-9818
Télécopieur: (514) 738-5838 / 1-888-273-5247

Imprimé au Canada

Que cherche donc Monsieur Dragon ?

Texte :
Dorothée Roy

Illustrations :
Jean Morin

Le Raton Laveur

Poils hérissés sur la tête,
yeux exorbités,
gueule béante,
langue pendante, fumée aux oreilles,
pattes de devant levées vers le ciel,
Monsieur Dragon court en tous sens. Il crie :

« Vite! Vite!
Amenez-moi, un ra...
un ra... ra...
un ra... ra... ra...

ra ra

Mais que cherchez-vous donc, Monsieur Dragon?
Un ra... ra... ra...?
Un ragoût?
De saucisses et de choux,
de carottes et de piments doux
pour calmer votre toux
ou votre faim de loup?

Ou un ra... ra... ra...
Un radar!
Pour mieux vous guider
dans le nuage de fumée
qui s'échappe de votre nez
quand vous êtes fâché?

Ou encore,
un raton?
Avec de longs poils au menton,
une queue en tire-bouchon,
vêtu d'un costume de bouffon
pour faire rire un dragon grognon?

Un ra... ra... ra...
Que diriez-vous d'un radis?
Pour mettre du piquant dans votre vie
ou pour offrir à vos amis
et soigner leurs allergies
aux rires et aux plaisanteries?

Le dragon, sur le dos,
les quatre fers en l'air,
les oreilles molles et les yeux en spirales,
continue de crier :

« Donnez-moi vite un raaaa...
un raaaa... raaaa...
un raaaaaaaaa... »

Un ra... ra... ra...
Peut-être un raccommodeur,
pour réparer le brûleur
qui réchauffe votre cœur
d'où jaillissent les mots enflammés
que vous murmurez à votre bien-aimée?

Un radoteur?
Qui ne se mêle pas de ses affaires
et de sa langue de vipère
raconte les histoires de travers
pour vous mettre en colère?

Battant de ses ailes ramollies,
le dragon tourne sur sa queue.
Dans un tourbillon noir,
à travers la toux sortie de sa gorge enfumée,
il hurle :

« non! non! non!
VITE! VITE! VITE!
Un ra...
Un ra... ra...
Un ra... ra... ra... »

ra ra ra r

Alors un rappel!
Pour la jolie demoiselle
à l'allure de gazelle
qui vous chante des ritournelles
et vous fait pousser des ailes?
non? Mais que cherchez-vous donc,
Monsieur Dragon?

Un ra... ra... ra...?
Un ravioli?
Et un plat de spaghettis,
de la pizza et du riz,
des gâteaux et des biscuits
pour votre gros appétit?

Peut-être, en plus, un râteau
pour coiffer vos cheveux ébouriffés,
pour vous gratter le bout du nez,
nettoyer les ongles de vos pieds
et brosser vos dents cariées?

Un ra... ra... ra...
Un radeau alors!
Confortable comme un berceau,
afin de voguer sur l'eau
et profiter d'un vent chaud
pour chasser la fumée qui brouille votre cerveau?

Je ne sais trop!
Sans doute un ravin,
pour vous cacher les matins
où vous vous croyez malin
et, grand et gros vilain,
pour faire peur aux humains!

Alors que voulez-vous donc, Monsieur Dragon?????

Dans un ultime hoquet noir,
le dragon lance un jet de flamme bleue.
Il tousse, crache, éternue et, en râlant, supplie :

« Amenez-moi vite, vite, vite
un ra...
un ra... ra...
un ra... ra... ra...

Un RAMONEUR!
Pour nettoyer les tuyaux calcinés de mon nez,
qui me servent de cheminées.
Je suis en train de m'asphyxier
et de mourir étouffé.

MERCI!